# Hypnose et Manipulation

Hypnose couverte du manipulateur assumé au quotidien

Volume 1

## Christophe Pank

# Table des matières

**Du même Auteur Chez HnO Edition**

*1/ Initiation à l'Hypnose Classique Curative (Oct-2012)*
*2/ Méthode d'Auto Hypnose (Nov-2012)*
*3/ Hypnose et Régressions (Janv-2013)*
*4/ Initiation à l'Hypnose Urbaine (Dec-2012)*
*5/ L'ésotérisme décrypté par l'Hypnose (Avr-2013)*
*6/ Hypnose avec les Enfants (Mai-2013)*
*7/ Mieux éduquer ses enfants grâce aux outils de l'Hypnose (Juin-2013)*
*8/ CrossTherapy (Oct-2013)*
*9/ Mes Premiers pas sur la loi d'attraction (2013)*
*10/ Hypnose H-Ultra Ou Hypnose Profonde (Nov-2013)*
*11/ Laboratoire Hypnose Volume 1 (Oct-2013)*
*12/ CT Energetics : Magnétisme et Transes (Janv-2014)*
*13/ Chercheur sur la Loi d'Attraction (Janv-2014)*
*14/ Hypnose et Hypnosophie (Avr-2014)*
*15/ Apprendre le système TPA (Mai-2014)*
*16/ Hypnose et Posture du Praticien (Juil-2014)*
*17/ Hypnose et la Pre-test Therapie (Oct-2014)*
*18/ Base de PNL Interpersonnelle (Nov-2014)*
*19/ Base de la PnL Coaching (Fev-2015)*
*20/ Périple d'un Praticien d'Hypnose contre le Cancer (Fev-2015)*
*21/ Manuel de Formation à l'Auto Amour (Avr-2015)*
*22/ Hypnose et Douleur (Juil-2015)*
*23/ Cette Hypnose Ascendante nommée Hyperempiria (Sept-2015)*
*24/ Hypnose Elmanienne (Nov-2015)*
*25/ Questiosophie (Fev-2016)*
*26/ Crépuscule de l'Hypnose (Avril-2016)*
*27/ Pouvoir Limité (Mai-2016)*
*28/ Hypnose Spirituelle (Août-2016)*

*29/ Hypnose Invisible (Oct-2016)*
*30/ Hypnose et Anneau gastrique hypnotique (Janv-2017)*
*31/ Hypnose : Ses premiers pas comme praticien (Avr- 2017)*
*32/ Hyperempiria et Maitrise de soi (Juil-2017)*
*33/ Hypnose et Manipulation (Aout-2017)*
*34/ Manuel Auto-Coaching / Méthode EVAF (Oct-2017)*

*Disponible en Anglais :*

*35/ My first steps on the Law of Attraction (Feb 2013)*
*36/ Hypnosis and Pain Management : The study of the Hypno-Analgesia Process (Jul 2015)*
*37/ Limited Power : Accepting our own limits is to open up our real potential (May 2016)*
*38/ Hyperempiria and Self-Mastery*
*39/ Hypnotic Gastric Band (Sept-2017)*

# Introduction

S'il y a un sujet que j'aime particulièrement c'est bien la manipulation et l'influence. Autant le dire dès le départ, **je suis un connard de manipulateur et je le suis tous les jours de ma vie,** de façon plus ou moins consciente. D'entrée ça ne donne pas une image particulièrement positive, dans une société où nous sommes en train de critiquer les hommes d'influences, les mensonges des entreprises internationales, les fraudes diverses. *Nous aimons vendre l'image d'une société 'bonne, égalitaire et morale'.* Pour autant, quand on parle à de nombreuses personnes, il y a souvent la volonté de contrôle qui ressurgit. Contrôler une situation, contrôler les risques que peuvent prendre les enfants, contrôler les émotions ou les réactions de telle ou telle personne. En somme, nous avons **une propension naturelle à vouloir manipuler, voire à contrôler le monde** qui nous entoure et plus encore les personnes avec qui nous vivons. Pour vous persuader, observez les enfants dans les cours de récréation, certains dominent par leur physique, d'autres par leur intelligence, d'autres par leur beauté, d'autre par leur gentillesse ou d'autre par leur malice. Souvent, ils se regroupent dans des groupes différents qui n'ont pas les mêmes leviers de manipulation et d'influence. Nous pouvons trouver des exceptions, seulement cet essai est sur *une réalité généralisée. Si cette perception n'existait pas, il n'y aurait pas autant d'auteurs qui écriraient des ouvrages sur la défense contre les manipulateurs et manipulations de toute part.*

La plupart sont **des best sellers**, c'est donc que beaucoup ressentent cette 'réalité'. Pour ma part, j'ai pour objectif de vous proposer d'assumer que vous êtes des manipulateurs et non pas seulement quand c'est pour le 'bien'. **Assumer que nous sommes des connards et que nous faisons de nombreuses actions pour nous et seulement nous.** Les justifications positives se mettent en place après, quand l'idée possible de culpabilité éclot dans notre esprit. L'expérience m'a montré que dire que nous sommes TOUS des manipulateurs mettait un gros froid dans les conférences et les rencontres. Souvent, les personnes les plus virulentes à se défendre, à vouloir montrer que l'intention simplement juste et positive, sans condition … **sont les plus manipulatrices.** Pour certains, cet essai pourra vous hérisser le poil. Vous allez sûrement vous dire que Pank est vraiment un gros con qui se prend pour qui… et vous aurez raison. Première idée à garder en tête, si on accepte d'être un manipulateur conscient ou inconscient, vous devez accepter que de nombreuses personnes vont vous détester ou à minima ne pas vous aimer. La question intéressante après c'est… pourrais-je les manipuler à m'aimer, ou en tout cas à m'apprécier suffisamment pour… **les entraîner où je le souhaite** ? Cet essai est donc orienté terrain, *je ne vais pas vous détailler des techniques complexes,* **juste du simple et de l'efficace,** pour vous permettre de prendre conscience de nombreux stratagèmes que vous mettez en place et surtout d'assumer de les appliquer.

Ces méthodes représentent de **l'hypnose couverte**, c'est une pratique issue de la PNL et de l'hypnose conversationnelle, qui a pour but d'influencer et d'orienter le plus subtilement possible les interlocuteurs. Aucun secret, seulement il faudra mettre en pratique et vous poser les bonnes questions. Êtes-vous prêt à assumer ?

# 1/ Manipulation Consciente vs Manipulation Inconsciente

Le paradigme de ce livre est de dire que **nous sommes tous des manipulateurs dans notre quotidien**. Si cette idée vous picote un peu, c'est sûrement que vous manipulez suffisamment votre pensée par vous-même, pour ne pas vous rendre compte de vos propres vices. Et **vous êtes pires que les fameux pervers-narcissiques,** tellement mis en avant dans notre monde des disciplines complémentaires comme les thérapies brèves. Une personne qui accepte ce qu'elle fait, n'est pas forcement meilleure, mais elle a au moins la sincérité de savoir ce qu'elle pratique et ne pas vendre *une image fausse d'elle-même aux autres…* sur ce point, elle ne manipule pas ou plutôt *elle manipule moins*. Nous aimons donc nous dire que nous ne manipulons pas, plutôt que nous influençons. Comme vous le savez, je suis dans le monde de l'hypnose et des disciplines complémentaires. **L'hypnose est l'art de la manipulation drapé sous les traits de l'influence bienveillante pour le mieux-être des partenaires.** Je suis venu à l'hypnose par l'intermédiaire de la Programmation Neuro Linguistique, qui est en réalité une hypnose conversationnelle. Ses fondateurs ont eu la lucidité de faire passer leur méthode comme étant un système pour mieux communiquer… alors que c'est une méthode pour mieux entraîner les interlocuteurs où nous le souhaitons, sans qu'ils puissent juger que c'est nous qui les orientons.

Je souhaitais comprendre les humains et leurs façons de fonctionner. Certainement par peur, par incompréhension et par envie de pouvoir mieux interagir avec eux. Je suis d'une personnalité assez combative, ce qui fait que je vois le monde comme une guerre. Comprenez donc que les outils de PNL, puis d'hypnose, **m'ont offert de nombreuses munitions dans mon rapport avec mes pairs**. Quand aujourd'hui je demande, aux hypnotistes et praticiens d'hypnose, les raisons pour lesquelles ils ont débuté cette discipline, la grande majorité exprimera l'idée que c'est pour aider avec un outil efficace. *Nous avons de la chance, loué soit le ciel, des milliers de personnes tous les ans se forment en hypnose par amour de leur prochain, j'ajouterai Alléluia !!!* Aider avec l'hypnose… nous pouvons aider de tas de façons, nous pouvons même choisir des tas d'autres disciplines pour soutenir les autres. Bien sûr, **c'est un choix anodin, l'hypnose.** Pour la pratiquer depuis longtemps et ayant fait des milliers de pretalk (présentation de ce qu'est l'hypnose dans l'objectif de faire vivre une expérience à plus ou moins court terme) que ce soit en soirée, dans la rue, en cabinet et partout où c'était possible, la grande majorité (une étude* montre que 83% des personnes qui entendent parler d'hypnose, pensent à contrôle de l'esprit et manipulation) voit *l'hypnose comme un moyen de rentrer dans la tête de l'autre.* Coup de chance, dans les écoles et pour les personnes qui s'intéressent à l'hypnose, la motivation de départ c'est : aider les autres avec un outil efficace… Il y a une belle auto-manipulation n'est-ce pas ?

C'est difficile de se dire que ce qui nous intéresse, *c'est de pouvoir faire comme Messmer et « d'endormir » l'autre pour le reprogrammer.* **C'est moins glamour.** Même si ce n'est pas nécessairement cette idée, la motivation est, quasiment tout le temps, liée à cette notion d'influence que nous pourrons avoir sur les personnes qui ne vont pas bien. D'ailleurs de nombreux praticiens s'en veulent profondément quand ils n'arrivent pas à sauver et changer leurs partenaires en cabinet. Même si en école, on ne cesse de dire que c'est *le partenaire qui ira là où il pourra,* **cette sensation 'd'impuissance'** est un élément récurrent. Simplement, parce que nous pensons que nous allons leur trifouiller les croyances et autres, puis que **tout ira mieux grâce à NOUS.** Le client va mieux, c'est ce qui compte, non ? Oui, seulement ça fait de beaucoup d'entre nous des **manipulateurs inconscients.** Sortons du cadre de l'aide à la personne, quand nous voyons un ami qui ne va pas bien et que nous cherchons par 'empathie' à le calmer, l'apaiser, *qui souhaitons nous soutenir ?* L'autre ? Si nous n'avions pas été en contact avec lui nous n'aurions pas été dans un mouvement empathique, donc libre. Par contre, en contact direct, nous vivons des choses en nous : 'je n'aime pas te voir comme ça', 'je comprends ce que tu vis', etc… sont des phrases que nous exploitons de nombreuses fois. Si l'autre cesse ou diminue sa souffrance, que se passe-t-il avec la nôtre ? **Nous voulons que les autres aillent mieux pour que nous nous sentions mieux.** Alors nous avons élaboré des tas de stratégies, plus ou moins efficaces qui permettent des baisses de stress et surtout un apaisement de la transe commune. **Nous manipulons.** Oui pour une bonne cause, oui par compassion, oui, oui et re-oui ….

Ça ne reste que des excuses pour ne pas admettre que nous avons orienté vers ce qui NOUS semblait bon.

Voilà ce que je nomme la manipulation inconsciente et si nous la mettons au grand jour, nous avons une *argumentation sur le fait que nous l'avons fait avec une bonne intention, que nous souhaitons que l'autre aille bien...* Pourquoi ne pas accepter que des millions de personnes ne soient pas bien au même moment et que **nous n'en ayons rien à battre** ? C'est différent parce que nous la connaissons ? Si nous n'avions aucune réceptivité émotionnelle agirions-nous de la même façon ?

Les jeunes enfants comprennent très vite que des bisous et un sourire sont des stimuli suffisamment puissants pour qu'un adulte s'occupe d'eux, si ce n'est pas le cas un petit coup de pleurs et les urgences arrivent (dans le cas non douleur). *Dans notre entrée dans ce monde nous avons mis en place des stratégies pour avant tout survivre.* **Manipuler et influencer sont des outils de survie**, c'est très reptilien comme fonctionnement, c'est pour cette raison que *nous sommes tous facilement tentés par ce côté obscur* (que je trouve particulièrement brillant). Il n'y a pas plus dépendant qu'un bébé ou un jeune enfant (souvent au plaisir de beaucoup de parents). **Manipuler les émotions** est une des techniques les plus utiles pour avoir un retour rapide d'attention, le plus intéressant c'est qu'importe l'émotion positive ou négative, l'important sera l'attention portée. Même une brimade est un moyen de percevoir un retour positif sur la méthode adoptée. Pour les bébés certains vont me parler d'instinct pour justifier la manipulation des futurs experts.

Prenons donc un enfant qui veut demander une chose à ses parents, il utilise la plupart du temps de **la gentillesse et de la réciprocité**. Deux leviers que, je suis certain, vous avez déjà utilisés des milliers de fois. En donnant un bisou ou un geste de tendresse, nous avons créé une brèche chez l'autre et dans nos cultures, *un devoir inconscient de devoir rendre tout ou partie de ce don*. A cela s'ajoute une voix et une sémantique qui amènent à *la gentillesse. Cela fait descendre les défenses et la méfiance* de la grande majorité des humains, si elle n'est pas excessive ou disproportionnée à la situation vécue. Il y a pour les enfants cette notion de : il est mignon, il est gentil, il fait des efforts… retranscriptible chez l'adulte, il prend des pincettes, il est bienveillant, il est bon. **Toutes ces phrases et idées sont des conneries pour s'auto-valider les raisons de notre acceptation ou, mieux encore, de notre incapacité à dire non à ce moment-là.** Comme je vous le disais précédemment, nous nous trouvons tout le temps des justifications quand nous nous faisons manipuler pour donner une raison consciente, cohérente et analytique. *C'est le principe de l'hypnose dont beaucoup de participants, particulièrement en hypnose de rue et de scène, expliquent qu'ils pouvaient ne pas faire ce qui est demandé… oui c'est vrai mais ils l'ont fait.* L'idée de la manipulation n'est pas de faire oublier ou de faire passer une idée sans que l'autre s'en aperçoive, mais simplement que l'autre aille là où nous l'avions décidé, cela peut être de mille et une façons, mettre un flingue sur la tempe de quelqu'un est une manipulation physique, promettre un cadeau si nous faisons quelque chose est une manipulation émotionnelle.

Les possibilités sont illimitées et en fonction des facilités que nous avons dans tel ou tel domaine, nous exploitons certaines formes plus que d'autre. Combien de fois avez-vous été gentil pour obtenir quelque chose ? Combien de fois avez-vous rendu *un service pour en recevoir un autre ultérieurement, avec le fameux : ' Mais moi j'ai été là pour toi '*....

Alors êtes-vous toujours des personnes qui ne manipulent jamais ? Ou l'êtes-vous en étant complètement inconscient de ce processus, voire de façon assumée ?


*Technique de substitution, classique en science molle comme l'hypnose, le mot 'étude' donne l'idée de sérieux et fait accepter plus facilement l'idée qui est proposée. Dans ce cas, je ne connais pas d'étude sur ce sujet.

# 2/ Osez être un connard !! Induisez des transes.

« Ah mais non, fous moi la paix, Pank, je suis une personne bonne et même si j'ai mes vices, je ne veux pas manipuler les autres !! » Pourquoi ? Parce que Papa manipulait ? Ou Maman ? Qui est-ce qui t'a donné une image si négative de la manipulation. Pour rappel, la violence physique ou verbale est une stratégie de manipulation. Peut-être est-ce par vertu spirituelle… *Parlons-en de ces spiritualités qui ne cessent de nous manipuler les méninges dans les temples, églises, mosquées ou synagogues.* On passe par un moyen dont on a abordé son existence en fin de chapitre. **La substitution**… On fait passer les messages que l'on souhaite sous couvert d'un bouquin et d'un interprète pour parler au nom du grand Patron. Avec cette manipulation nous parvenons à créer des guerres, des violences, de la haine ou de l'intolérance. Attention, je ne dis pas que les spiritualités n'apportent que du négatif. Cette substitution, c'est-à-dire prendre une figure de référence (et là en l'occurrence le BOSS, l'entité la plus au top, dont on se réfère pour donner des directions) peut permettre de développer l'entraide, le pardon, l'amour **dans la FOI. La foi est le levier le plus puissant de la transe manipulatoire.** Je vais revenir dessus sous peu. Avant cela, je vais vous donner des idées qui fonctionnent bien pour utiliser la substitution, vous l'avez déjà exploitée de nombreuses fois.

Par exemple, les mères qui menacent de le dire au père quand il rentrera, *elle substitue son autorité chancelante* de l'instant par une entité extérieure dont on **peut 'fantasmer' les conséquences**. La force de cette technique est de permettre de ne pas se mouiller parce que **ce n'est pas nous mais un autre** qui a dit ou exprimé une idée, et en plus cela permet de mettre son interlocuteur dans **un modèle projectif**, ce qui fait qu'en fonction de la tonalité que l'on donne à notre substitution, nous orientons vers des idées négatives ou vers des idéalisations positives. **Moins nous sommes précis, plus nous laissons l'autre mettre ce qu'il veut en fonction de son état émotionnel de l'instant.** Profitez donc d'être **non-spécifique** comme aime le nommer la PNL, pour faire imaginer les conséquences de la menace. J'aime bien le **'Tu verras… un jour'**. Celui-là est doublement salopard, parce qu'on ne sait pas les conséquences des répercutions et, en termes de ligne du temps, nous sommes incapables de savoir si c'est pour bientôt ou si nous devons nous tenir sur nos gardes sur les mois ou les années à venir. Autre exemple, **faire passer une idée au travers d'un livre,** d'un auteur ou d'une étude scientifique… Celle-ci est tellement commune. 'J'ai lu dans… J'ai vu un reportage qui… Un article expliquait justement… Mr E. expliquait que la technique se faisait comme cela... *Votre réponse dans votre tête devrait être : Ta gueule, je te demande ce que toi tu penses, pas ta référence.* Souvent ça intervient dans des conversations pour appuyer un argument, comme si notre interlocuteur avec ses propres idées et propos devait appuyer avec un référent.

Vous commencez à comprendre ce que j'explique parce que comme le **confirme le spécialiste de la compréhension Tommy Duwan**, après plusieurs exemples tout s'intègre facilement et rapidement. L'objectif de cette technique est donc de permettre une diminution du jugement. En **hypnose Elmanienne** et directe, nous portons une attention spécifique sur ce que nous nommons **le facteur critique**. Pour faire simple, notre conscient est capable d'analyser et de rendre logique à peu près tout ce que nous vivons. C'est pour cette raison que *nous avons la capacité de justifier, même quand nous sommes manipulateurs ou manipulés, sur l'intention positive des choses.* Notre subconscient est notre disque dur qui sauvegarde les mémoires à long terme, les émotions, les modèles automatiques de notre vie, les valeurs et les croyances. Entre les deux, la plupart du temps, vous avez **le facteur critique** que l'on peut nommer également la **capacité de jugement**. C'est ce qui fait que lorsque vous avez une décision à prendre, vous prenez une décision qui vous semble juste après un rapide dialogues entre les expériences passées et les informations cohérentes de l'instant (dialogue entre le conscient et le subconscient, mené par le jugement). L'influence et la manipulation induisent **une diminution de la capacité de jugement,** je précise une fois de plus : **diminution**. C'est assez rare, même si cela peut arriver parfois, que ce facteur critique disparaisse complètement. Cette diminution du facteur critique est ce que l'on nomme **une induction** en hypnose, qui entraine *vers une communication sans la barrière de jugement, que l'on nomme **transe**.*

Pour être clair, en transe nous avons la capacité d'analyser les choses, seulement **nous sommes de moins en moins enclins à juger objectivement les différentes options présentées**. L'objectif de nos actes manipulatoires est donc *de mettre en transe* nos interlocuteurs pour les orienter avec des informations qui deviennent dès lors des suggestions. La foi, dont j'abordais l'idée précédemment, est **le principe inductif le plus puissant**. En quelques instants si vous parlez de Dieu, de Jésus, Mohamed, Buddha ou Yahvé à des personnes bercées dans ces cultures, il va y avoir un amoindrissement de leur jugement, l'objet de substitution, le livre par exemple ou une prophétie, les entraînant dans *une transe connectée à leurs mémoires à long terme et modèles automatisés, comme un signe de croix ou bénir le Prophète Mohamed.* Nous pouvons très bien analyser nos gestes et rituels, pourtant nous ne les jugeons plus depuis longtemps, **il y a une validation absolue**. La foi peut bien sûr être orientée sur de nombreuses autres choses que la religion. Nous pouvons avoir foi en des amis, de la famille, l'argent et des millions d'autres éléments. **La foi est un absolu,** il n'y a pas de questions, les personnes l'ayant nous disent simplement qu'ils savent. **D'ailleurs la remise en question de cette idée est complètement impossible… sans un long travail de manipulation pour créer… le DOUTE.** D'ailleurs, dans les religions, il est dit de ne jamais douter… d'un point de vue manipulation, c'est une superbe suggestion pour rester dans le processus entamé et avoir une réponse automatisée à des stimuli externes donnés par des référents.

Si vous ne souhaitez pas adhérer à la manipulation et devenir un connard, je vous invite à cesser votre lecture maintenant… et vous aurez payé cet ouvrage pour quelques pages, sinon vous pouvez continuer et donc par choix conscient **adhérer au contrat immoral de devenir un manipulateur assumé.** D'une façon ou d'une autre vous sentez-vous libre dans vos choix de ce qui va suivre maintenant ? Pour devenir ce manipulateur conscient, il est indispensable de savoir **mettre en transe.** Et soyez tranquille, vous qui êtes **des manipulateurs passifs,** vous l'avez fait des milliers de fois, sans la moindre conscience de l'outil utilisé. Voici les trois façons de créer une transe :

- **Focalisation interne :** c'est-à-dire orienter nos interlocuteurs vers un cheminement qui les ramène en eux. L'idée est de les faire rechercher dans le subconscient, les mémoires, les émotions, les modèles, les valeurs ou les croyances. Plus nous allons faire ce scan interne plus nous diminuons les capacités à juger les informations qui viennent de l'extérieur, nous ouvrons donc une brèche.

- **La confusion et la saturation :** c'est-à-dire entraîner l'esprit à ne plus être capable de prendre l'ensemble des informations. Cela peut se faire avec deux techniques distinctes que nous avons pris l'habitude de réunir. **La confusion** qui propose des liens et des informations que nous ne sommes pas capables de pleinement comprendre, notamment avec des langages non spécifiques qui entraînent à chercher en interne (focalisation interne) des explications et des sens.

**La saturation** qui donne tellement d'informations que notre capacité de traitement ne peut plus répondre et c'est comme si nous nous mettions en déni de service.

- **La rupture de pattern** : c'est-à-dire l'interruption d'un modèle automatique, dont votre interlocuteur n'a pas nécessairement conscience. Cela ouvre une brèche et un questionnement du jugement qui est perdu dans ce bug de quelques instants.

Vous avez utilisé ces stratégies de nombreuses fois pour obtenir ce que vous souhaitiez. Par exemple, quand vous êtes sur **une manipulation émotionnelle** avec votre conjoint(e) sur un rappel des bons moments que vous avez passés en vacances, quand vous étiez tous les deux sans les enfants, pour sous-entendre que ça serait bien de se refaire un moment juste tous les deux. C'est une utilisation classique de **focalisation,** avec tous les détails de la mer, de la plage, de la grasse matinée etc. Quand vous **êtes en train de soûler vos potes** sur un lieu où vous souhaitez aller manger et qu'ils abandonnent les échanges tellement vous les avez saturés, même s'ils ne sont pas forcément motivés. Ou encore quand les enfants tentent une négociation et que vous faites **une transition immédiate vers le bulletin** que vous venez de recevoir, interrompant les arguments proposés. Dans notre quotidien, nous utilisons des inductions et l'exploitation des transes de nos collègues, de nos amis ou de notre famille, afin d'orienter là où c'est le plus confortable pour nous.

En faisant parti du cercle des manipulateurs assumés, je suis certain que vous aimeriez savoir quel levier vous pouvez utiliser pour exploiter **cette faille**.

# 3/ Faire d'une information, une suggestion orientée

*Un bon manipulateur assumé comme vous*, doit prendre conscience qu'il y a des stratégies pour réussir à orienter les autres vers ce qu'ils souhaitent. **Ce n'est pas un art absolu**, paradoxalement *la vente des livres pour déceler les manipulateurs est une chance pour ceux qui le sont vraiment*. La plupart des personnes qui lisent ces livres, ont compris qu'ils ont été manipulés par un conjoint, un membre de la famille ou ce que l'on aime nommer *des personnes toxiques*. Dans ces ouvrages, on oublie de dire que **le manipulateur ne peut jouer qu'à partir du moment où il y a une proie qui accepte cette danse**. Une victime de manipulation, restera manipulable **si on trouve ses leviers**. *L'erreur la plus fréquente est de croire que, parce que nous connaissons les outils et les techniques, nous sommes protégés*. Au contraire, cette haute opinion de soi vis-à-vis des manipulateurs ouvre des tas de brèches exploitables. J'adore le jeu de la manipulation et il est avant tout un jeu. **Je suis certainement de la pire race des manipulateurs, parce que bien souvent, je n'attends pas un retour jouissif pour moi, comme une récompense, mais le simple fait de mettre le process, en somme la toile d'araignée, et de prendre la proie dedans, est une satisfaction.** C'est un respect à la technique et au processus qui me donnent plaisir, souvent moins que les conséquences qui peuvent être complexes à gérer parfois.

Ce que je viens de présenter *se rapproche des fonctionnements des pervers narcissique*s à l'exception près que je m'en tape de la personne avec qui j'utilise de la manipulation, je ne veux pas posséder ou même la faire rester dans une toile. C'est uniquement, **le plaisir de voir les rouages se mettre en place.** Ça vous fait flipper ou vous me trouver vicieux et salaud, si vous avez ce livre entre les mains, vous n'êtes pas vraiment éloignés de moi. Bienvenue ☺. **Je suis tout aussi manipulable que les personnes que j'ai manipulées** et que je continuerai à manipuler. **Je sais qu'on ne peut pas éviter la manipulation** et le plus amusant est de se rendre compte que nous sommes manipulés mais que nous ne pouvons rien faire, c'est trop tard. C'est un peu comme en Judo quand nous avons les pieds décollés et que c'est fini, nous savons que nous allons chuter. **Le monde de la manipulation nous rend humble.** Quoi !!! Humble !!! Tu te fous de nos gueules Pank !!! Depuis le début de l'essai tu es prétentieux et genre tu fais style que tu peux tout faire faire aux autres !!! Tu oses parler d'humilité !!!  Oui, *l'humilité de savoir que nous ne sommes pas les plus forts, que nous ne parvenons pas toujours à mettre les rouages en place, que nous nous faisons manipuler... Sans cette humilité vous resterez ces consommateurs mentaux de la self défense de l'esprit, qui auront toujours des temps de retard sur les professionnels de la manipulation.* Nous avons tous grandi dans la manipulation, souvent émotionnelle, parfois physique (pour certain c'était fréquemment), et mentale. J'ai eu la chance d'avoir le panel chez moi, ce qui m'a donné une belle école et un terrain d'entraînement de qualité.

Nous avons donc vu qu'il suffit de travailler, dans un premier temps, avec la diminution du facteur de jugement et que cela peut en plus être appuyé avec des leviers comme la gentillesse, la substitution ou encore la réciprocité. Cette dernière notion est intéressante à exploiter, c'est en gros **le principe de dette**. *Vous donnez pour obtenir*. Cela va d'un regard, un sourire, un tract, un échantillon jusqu'à l'agent que vous avancez, la présence pour un déménagement, etc… Tout à un prix et même si nous entendons de nombreuses personnes dire **'de rien'** et bien c'est faux. Il y a *une attente subconsciente de retour, maintenant ou plus tard*. Quand vous êtes dans vos pensées et qu'une personne vous tend un échantillon avec un super sourire tout sympa, vous avez **une interruption de votre pattern**, un premier levier avec l'échantillon et un sourire, plus **la sympathie** de l'intervenant. Même si ça ne fonctionne pas toujours, depuis plus de 50 ans cette méthode est utilisée c'est donc que le taux de retour est plus positif que l'investissement engagé. La plupart du temps, il y a un refus pour une raison simple, **l'information n'est pas passée comme une suggestion,** ce qui fait que l'attention n'a pas été suffisamment captée. Pour que les informations se transforment en possibles suggestions, nous devons pouvoir **exploiter la transe**. Nous devons réussir à contourner le jugement **et devenir nous-mêmes le jugement de notre interlocuteur.** Comme je vous l'expliquais, la transe est la communication entre le conscient et le subconscient, si nous contournons le jugement et que nous nous y substituons, nous offrons l'orientation souhaitée, en ne laissant que la capacité logique et analytique intervenir.

Il est nécessaire de permettre **au conscient d'être présent,** c'est lui qui justifiera le comportement que l'on a proposé, parce *qu'il ne peut pas accepter que cette action physique ou cette pensée ne lui appartient pas ou en tout cas qu'il n'en est pas l'initiateur.* Notre but, en tant que manipulateur assumé, est donc de faire changer une information en suggestion. Le principe de suggestion est d'ordinaire orienté vers du positif, du précis et de l'évolutif. Néanmoins quand vous êtes dans une dynamique d'influence, vous **devez garder en tête votre objectif**. Quand vous décidez d'orienter une transe, il est indispensable de savoir où vous vous dirigez. La manipulation est **une stratégie d'obtention.** Vos informations doivent être dirigées avant même que vous n'ayez induit une transe. **Tous les mots et gestes vont prendre de l'importance.** C'est pour cette raison que la PNL et l'hypnose conversationnelle, proposent de **se faire assez 'discrètes'** dans le sens où il est utile de **gagner la confiance** de nos interlocuteurs. Pour cela, nous avons vu que la sympathie/gentillesse est un moyen gagnant, cela diminue certaines défenses, néanmoins vous devez être dans une justesse d'utilisation. **Trop gentil est soupçonneux,** donc n'hésitez pas, quand vous sentez que vous en faites trop, à lancer une petite vanne ou une pique pour faire un léger **ASCENSCEUR EMOTIONNEL**. Beaucoup le font spontanément dans les échanges, il y a un compliment où une phrase gentille avant de rompre le modèle avec une petite blague. C'est une façon de garder le lead sur la conversation et surtout de **ne pas laisser de suspicion** sur ce que vous êtes en train de faire.

La méthode inverse s'avère avec de nombreuses personnes en réaction, opposition à tout, gagnant. En construisant une communication avec *des idées et suggestions plutôt agressives, je dirais plus précisément provocatrices.* Vos partenaires vont se mettre sur du recul et ce qui pourrait sembler comme une distanciation, va pouvoir *être interrompu par un changement de ton, de posture et de sémantique.* En somme, du provocateur imbu de lui, vous allez passer à une sincérité d'attention et d'histoire qui va accrocher les gens. Vous avez sûrement déjà fait cela, quand suite à des échanges un peu virulents et critiques, vous sentez l'ambiance qui se pourrit et que vous changez de sujet pour revenir sur une phrase du type : 'moi aussi j'ai déjà fait cela' ou 'ça arrive à tout le monde de faire des erreurs', pour éviter de rester dans une dynamique négative et que vous ne gérez plus, *vous laissez du leste* et vous vous impliquez comme n'étant pas différent de la personne que vous venez de critiquer. *Les ascenseurs émotionnels sont très utilisés dans les rapports de séduction* (toute situation où nous vendons une image de nous à autrui, et que nous entraînons l'autre dans cette image). Nous offrons **un lead** à notre interlocuteur vis-à-vis de ce qu'il est ou de ce qu'il a mis en place. En somme, vous jouez de flatteries. Attention, une fois de plus elle doit être fine et surtout ne pas s'imposer comme un point que vous souhaitez marquer. En ratifiant les yeux et le corps, c'est-à-dire en cherchant à découvrir l'impact de vos mots, vous allez pouvoir savoir si votre suggestion est passée. Les points à observer sont les lèvres, pour voir les sourires, les yeux pour voir s'il y a du plaisir, le corps s'il se redresse comme pour exprimer une fierté.

Une fois que **cette suggestion a fait son chemin,** vous allez pouvoir rajouter un MAIS. Et proposer des idées remettant en question ce que vous venez de vanter quelques minutes auparavant. Cela va *changer l'attention de la conversation et ouvrir une brèche chez l'interlocuteur.* Vous allez toucher les émotions et donc possiblement faire réagir, ouvrir un mélange positif et négatif à votre égard et à vos arguments. A ce moment-là, à vous de savoir vers quoi vous souhaitez orienter la conversation : soit vous retournez vers du positif et nourrissez ces suggestions, soit vous décidez de **marquer votre terrain** et de rester neutre pour que ce message moins positif reste dans la tête de votre interlocuteur. *De nombreuses personnes pensent que manipuler doit se faire dans des discours positifs. Ce n'est pas toujours le cas, parfois, ce doute que vous allez mettre, cette émotion dérangeante que vous allez mettre, fera de vous une personne unique dans un entretien.* Pensez à cette notion de marketing, cela importe peu que l'on parle de vous en bien ou en mal, il faut juste que l'on parle de vous, qu'on se souvienne de vous. Vous comprenez bien **que jouer avec l'ascenseur est inductif** parce que ça impose un retour à vos émotions qui se trouvent dans le subconscient. Votre information passe alors vers une suggestion, un élément qui va impacter maintenant ou un peu plus tard. **La RÉPÉTITION** va devenir un allié particulièrement important dans la suite de vos échanges. Pour l'heure, nous allons un peu plus nous pencher sur cette façon de nous rendre… agréable vis-à-vis des personnes que nous souhaitons manipuler… Vous sentez le côté obscur évoluer en vous ?

# 4/ Créer la confiance chez l'autre

Nous ne sommes pas tous égaux vis-à-vis des interactions humaines. Qu'on le souhaite ou pas, la génétique nous aide ou pas. *Le physique est la première chose qui manipule l'idée que nous allons nous faire des gens.* Après nous avons compris que les codes vestimentaires pouvaient contourner un peu ce critère, néanmoins si **l'ATTITUDE** n'est pas ajustée, cela passera vite et l'illusion disparaîtra. Saviez-vous qu'une personne qui est considérée comme belle va trouver plus facilement un travail qu'une personne qui ne l'est pas. Pas besoin de chercher très loin, on fera toujours plus attention à un enfant qui est beau et mignon qu'à un autre. On laissera passer plus de choses aux 'mignons'. C'est malheureusement tellement bien compris par les hommes et les femmes au physique avantageux, que souvent ils utilisent ce levier pendant de nombreuses années. Combien de femmes exquises commencent à paniquer vers la quarantaine quand une nouvelle génération les range au placard et que la seule chose qui leur a permis de bien vivre était non pas leur tête mais leur corps. C'est une triste réalité qui touche moins les hommes, qui parfois avec le temps, développent **un charme**… rarement nous entendons parler du charme des femmes cinquantenaire à l'inverse des hommes. Nous sommes dans un monde de compensation et plus encore de stratégie manipulatoire.

Pour parvenir à obtenir ce que nous souhaitons dans notre quotidien, avec les qualités que nous avons. Les plus dangereux des manipulateurs sont ceux qui sont déjà beaux génétiquement et qui en plus ont **développé l'intelligence de la manipulation**. Néanmoins même si nous ne sommes pas dans cette 'élite' cela n'empêche rien. La maîtrise de **la science de la manipulation** vous permettra d'obtenir suffisamment de satisfaction pour ne pas, ou pour moins, vous souciez de ce qui vous manquait à la base. J'ai la croyance que **nous sommes purement parfaits** tels que nous sommes. Nous avons des défauts compensés par des qualités, et c'est à nous d'aller tirer le meilleur parti de nos potentiels, plutôt que de nous fixer vers ce qui ne peut pas être changé. La première chose que nous pouvons vraiment travailler, quand nous souhaitons influencer, est **l'attitude** que nous allons avoir. Il est toujours utile de développer **une intelligence sociale**. Il n'y a pas besoin d'aimer les humains pour cela, il suffit de *comprendre les codes des différents groupes* que nous croisons. Le plus simple est de trouver celui qui sera considéré comme l'alpha, c'est-à-dire le dominant du groupe. Il vous donnera la façon 'type' d'agir et vous permettra de comprendre comment les autres fonctionnent avec ce type d'énergie. En général, s'il y a du monde autour et que les gens, même s'ils ne l'aiment pas spécifiquement, restent autour, c'est *qu'il y a suffisamment de leviers utilisés pour 'hypnotiser' le groupe*. C'est d'ailleurs pour cette raison, que beaucoup construisent une forme de conformisme social, plus je ressemble au groupe ou à l'interlocuteur dans ces codes, plus je peux être intégré dans son modèle de vie.

Cela évite une possible confrontation à un 'monde' qu'il ne veut pas découvrir. La première chose à faire une fois que vous avez un objectif clair en tête, c'est d'aller au contact. C'est avec **votre attitude physique et votre regard** que vous allez proposer des modalités acceptables, où pas, aux personnes présentes. Un prince n'a pas les attitudes d'un chanteur de hiphop et un DG d'une grande boîte pas celles d'une startup en nouvelles technologies. C'est à nous d'adapter notre attitude vis-à-vis de la figure d'autorité, si c'est dans un groupe ou avec notre interlocuteur en face à face. **Le regard** *est la première étape de prise de lead.* Prendre le lead est la notion de mener le jeu, vous *prenez un coup d'avance* sur l'interlocuteur, sans nécessairement que ce dernier puisse s'en rendre compte. C'est comme dans certains sports, si nous gagnons quelques centimètres ou une demie-seconde, nous prenons une avance qui **pourra être décisive** dans la suite des évènements. Dans cet art manipulatoire, vous allez chercher du regard la personne que vous souhaitez manipuler. Les parents le font souvent avec l'histoire des gros yeux. Ils changent complètement leur attitude et commencent à faire les gros yeux, cherchent le contact avec l'enfant. C'est également le cas avec des premiers moments de séduction, quand un homme ou une femme garde le contact quelques instants. L'initiateur de l'action, si l'autre ne tourne pas la tête ou ne baisse pas les yeux par inintérêt, a pris un point pour l'approche et le lien qui peut être mis en place. Une erreur qui est souvent véhiculée est celle de prendre le lead sur la poignée de main, lors d'une rencontre ou d'un entretien.

En réalité si l'autre vous a déjà connecté avec le regard, vous avez pris un temps de retard. Une fois le premier contact proposé, il est utile de rentrer dans le monde de vos interlocuteurs. **Un manipulateur doit s'intéresser**, et si vraiment ça ne vous emballe pas, faites comme si. Cette étape est **une prise d'informations** d'une part, concernant les sujets qui construisent des émotions positives et ceux qui semblent moins l'emballer. Nous le gardons en tête pour l'éventuel **ascenseur émotionnel**. C'est également ce qui en PNL nous sert de mise en rapport. **Nous entrons petit à petit dans le territoire physique et mental** de l'interlocuteur, en prenant la précaution de ne pas aller trop dans l'intimité, autant au niveau de la proxémie, c'est-à-dire la distance entre vous deux, que dans les histoires racontées. S'intéresser n'est pas vraiment enquêter, sinon vous risquez, surtout dans les premières rencontres *d'être un peu intrusif*. Vous connaissez cette sensation quand un proche veut s'intéresser à ce que nous avons fait et que nous ne sommes pas enclin à partager de l'information, cette sensation qu'il tente de pénétrer dans un monde qui ne les concerne pas, *pour l'instant*. Souvenez-vous simplement que lorsque le temps ou la situation sera plus ouvert, il y a de fortes chances, avec une question indirecte, de prendre les informations que vous souhaitez. Cela arrivera lorsque votre partenaire sera dans sa **phase de faux lead**, c'est-à-dire quand il parlera depuis un bon moment. Comme je vous le faisais remarquer, nous ne sommes pas égaux devant la nature.

Seulement, *nous pouvons tellement nous adapter à la nature* des autres, que nous pouvons nous faire oublier ce à quoi nous ressemblons, pour donner une image de nous que les autres veulent voir. Une fois de plus, cela sera possible au travers de **l'induction** que nous allons mettre en place, une fois le contact et le rapport installé. Vous allez pouvoir faire du **mirroring,** c'est-à-dire reprendre des comportements verbaux et physiques, pour qu'il puisse avoir la sensation d'être entendu, compris et surtout accepté dans ces codes. *Ne singez surtout pas*, juste imaginez que vous vous mettez au rythme d'une danse, s'il parle doucement, cherchez la douceur en vous, s'il bouge beaucoup, bougez également. *Donnez-lui l'impression d'être dans un monde connu*, ce qui permettra de diminuer l'appréhension. L'élément inductif se déclenche avec les questions. Si vous interrogez vous avez un temps pour entrer en rapport, prendre de l'information pour une question suivante et débuter votre mirroring. De plus, petit à petit, vous mettez votre partenaire dans une situation de **'faux lead'**. Il peut facilement penser qu'il mène la situation. Vous remarquerez que les alphas parfois un peu trop sur d'eux, coupent la parole, souhaitent être au centre de la conversation et vendre leurs idées et histoires. Ce sont ceux *que vous pouvez le plus facilement orienter* si vous ne rentrez pas dans un combat de coq. Un point clef à retenir c'est que **c'est la posture de questionneur qui est la plus avantageuse dans un monde de manipulation et d'influence**. Avec la question vous avez l'arme la plus puissante des stratégies d'orientation et de suggestions. Quand vous posez des questions **vous êtes en Pace**.

En PNL, on explique que *c'est celui qui suit. La confusion que font de nombreuses personnes est de croire que c'est le lead qui nous met en posture de force,* parce que l'autre ne peut pas en placer une et que nous pouvons passer des tas de suggestions. Même si parfois c'est vrai, parce que nous **saturons et nous répétons** de nombreuses fois les idées pour les faire s'intégrer, ce n'est pas nécessairement la stratégie la plus subtile. Combien d'entre vous, pour culpabiliser les autres, posent des questions pour que l'autre s'emmêle les pinceaux et lâchent les erreurs qui ont été faites. Une femme trompée va rarement dire à son mari, tu m'as trompé tel et tel jour, mais plutôt tu étais où ? Avec qui ? etc… **La question pousse à la faute** et manipulateur comme vous l'êtes, combien de fois avez-vous poussé les autres dans leurs retranchements avec des questions et une petite phrase complémentaire du genre, 'je pose juste une question…'. En posant les questions, vous savez maintenant que vous proposez **une focalisation interne**, donc vous pouvez y joindre **une suggestion**. Vous avez donc tout intérêt, *au moment où vous avez créé le rapport, de poser des questions* qui offriront à l'autre de quoi s'exprimer. Evitez les questions fermées, c'est-à-dire dont on répond par oui ou par non. Ouvrez les questions pour que l'autre puisse prendre le temps *d'exposer ses idées.* Prenez de temps à autre le lead, pour montrer que vous avez une présence et cela vous permet également de reprendre les idées et les sémantiques de votre interlocuteur pour montrer que vous vous comprenez, que vous avez la même langue. Vous avez certainement validé des idées et des paroles de personnes que vous souhaitiez séduire.

C'est d'ailleurs tellement fréquent, que dans les couples, certains mettent des années pour dire qu'en réalité, il n'aime pas telle ou telle chose. Cette acceptation du monde de l'autre entraîne souvent *vers des mensonges ou, comme certains aiment le dire, des arrangements avec la réalité.* Tous les coups sont permis pour atteindre ce que l'on veut. J'imagine bien, les manipulateurs passifs souffler et se dire que, eux, clairement ils ne sont pas comme ça, ce qui compte c'est le plaisir des autres. Que les autres passent avant ce genre de stratagèmes nauséabonds. C'est souvent eux les spécialistes, pour que les autres aient confiance en eux. Une de leur valeur, c'est de *tenir leurs engagements et la parole donnée est importante.* Ils donnent la confiance en utilisant une stratégie proche de celle que je viens d'exposer. Pour eux, la gentillesse et la réciprocité sont des leviers du quotidien, et permettent un rapport puissant. Au moindre besoin partagé de votre part ou supposé du leur, *ils construisent un rapport.* Ils entrent en contact avec un sourire, un geste, une attention ou autre. Ils vont rapidement demander si ça va, s'ils peuvent vous aider, si vous en voulez encore ou plus, c'est-à-dire que directement, ils se mettent en pace. Vous, vous allez vous centrer sur vous, sur ce que vous voulez. Ce qui provoque *une interruption de pattern.* De là, ils tentent de devenir un élément indispensable sous l'idée de gentillesse et de présence, ils tentent de se placer comme référents. Vous vous souvenez la figure d'autorité, c'est son cousin, c'est être 'la seule' personne qui fait cela pour vous etc... Néanmoins même si c'est vendu comme un service gratuit, il y des clauses.

Ce point dans le contrat, *c'est la réciprocité*, rends moi différemment avec une attention, un merci, un « t'es le meilleur », « on n'en fait pas deux comme toi ». Nous devenons des nourrisseurs de leur malaise à l'indifférence. Une manipulation qui est commune et bien plus pernicieuse qu'il n'y parait. Mes amis manipulateurs, voilà donc un cheminement important : créer de la confiance et exploiter les brèches.

# 5/ Créer des brèches

Personne n'est protégé contre les manipulateurs et *les experts de la protection sont souvent d'anciennes victimes qui se voient pousser des ailes.* Je me souviens d'une intervention une fois, d'une personne qui me disait être experte contre les pervers narcissiques parce que son ex était un de ces types et qu'elle s'en était sortie. Nous devenons experts de la gestion du viol quand on s'est fait violer ? Voilà une manipulation qui ouvre **des brèches** sur des personnes qui vivent ces manipulations au quotidien et qui vont donner leur confiance à ce type de personnes. Elles jouent avec **la figure d'autorité et un rapport de congruence/cohérence**. Il est simple de se faire passer comme une figure d'autorité quand nous reprenons son histoire et que nous sommes sortis de la problématique. Très souvent nous ne connaissons que **l'histoire romancée** de cette figure. Prenez bien en compte qu'il ne peut y avoir de figure d'autorité *qu'à partir du moment où nous donnons la possibilité à quelqu'un d'être sur un piédestal.* **Nous sommes responsables également de nous laisser glisser dans le jeu des manipulateurs.** Peut-être par répétition d'un modèle de vie, mon père était violent donc je ne choisis que des hommes violents, peut-être par plaisir du jeu de départ tant qu'on a l'impression de contrôler. Qu'importe les motivations, qui sont multiples, nous acceptons le deal de la manipulation.

**En sommes si vous êtes manipulés, il y a de fortes chances que vous l'ayez accepté**, nommez cela naïveté ou connerie, vous avez alimenté la relation, en ne quittant pas le jeu. Je sais, je suis odieux, néanmoins j'aime l'idée de Karpman qui propose son triangle dramatique, *il n'y a de bourreau que s'il y a une victime* et non loin peut traîner un sauveur, d'ailleurs le bourreau a souvent, dans l'acte manipulatoire, cette première casquette. Si vous gardez cela en tête, *vous vous méfierez des sauveurs…* ou des exemples que j'ai donnés au chapitre précédent. Un sauveur peut rapidement devenir bourreau. **Le sauveur des manipulateurs** se pose en figure d'autorité et puis il met en avant son histoire de vie, **en cohérence** avec les outils qu'il vous propose. Comme vous y voyez une *réalisation potentielle,* vous allez retrouver ce fameux mirroring et vous allez vous engager dans la démarche qui est proposée, *difficile après de revenir dessus* et de se dire que c'est naze ou pire que l'on a été manipulé par la personne qui nous promettait de nous en sortir. *La **brèche** joue souvent sur le **doute** et la **projection**.* Voilà ce qui est puissant dans la démarche des personnes qui vous disent, faites comme moi et vous verrez ça marche. Ils vous font croire que vous êtes exactement comme eux et que 'si ça marche sur moi… alors pourquoi pas vous ?'. Combien de fois avez-vous testé des régimes ou des activités en attendant des résultats fulgurants parce qu'un de vos amis vous a vendu du rêve. C'est d'ailleurs un des super leviers des réunions qu'on nommait dans le passé tupperware, le réseau des amis à qui on vend des projections. En tant que *manipulateur de plus en plus fin,* vous allez mener votre enquête sur les brèches de vos interlocuteurs.

Comme je vous l'ai dit, éviter de le faire au début, vous verrez que de nombreuses personnes, une fois en confiance, parlent beaucoup. En réalité c'est une forme de **yes set.** Initialement le 'yes set' est *une stimulation du cerveau pour que vous vous orientiez plus facilement vers une notion affirmative.* Nous proposons des questions fermées qui vous mèneront à penser oui. Tu lis ce livre, tu t'interroges sur la cohérence de ce livre, tu continues à lire ces lignes… peut-être que tu commences à aimer la science de la manipulation. En menant vers du 'oui', *il se peut que ma dernière suggestion entraîne un 'oui'.* Nous l'utilisons très régulièrement dans le quotidien pour convaincre en évitant que l'autre ne puisse en placer une, et poser comme une évidence **la suggestion clef** que vous souhaitez imposer.

Quand vous vous mettez en pace et que vous posez des questions, quand *vous avez repéré les sujets qui exaltent* votre partenaire, alors laissez-le parler un bon moment, il est en train de s'ouvrir à un pattern, un modèle de communication fluide et donc il est ouvert aux questions. Le plus intéressant, c'est qu'une fois *qu'il sera en pleine confiance et content dans son partage*, vous pourrez l'interroger sur les sujets *dont il n'était pas ouvert* à communiquer au départ de la communication. Il a pris une 'habitude' de parler, de générer de l'information et interrompre cela, le mettra dans une sensation de vide, surtout si **vous restez dans un pace, une posture de questionneur.**

L'erreur est de vouloir combler le vide. Ne le faites pas, c'est justement l'autre qui va être le plus mal à l'aise dans ce vide qu'il remplissait tellement quelques instants plus tôt avec conviction, il donnera à minima quelques informations qui ouvrent **une brèche** pour en avoir plus, simplement parce qu'il veut en parler à ce moment-là.

Ce 'yes set' devient une orientation que je nomme 'créer un **COURANT'**, vous avez mis en place un flot qu'il sera difficile à votre interlocuteur de stopper. Pourquoi ? Simplement parce que l'humain a un sujet favori, lui-même. Certains vous diront qu'ils n'aiment pas parler d'eux, *c'est que vous n'avez pas posé les bonnes questions et vous n'avez pas abordé les bons sujets*. Une brèche dans un barrage fera passer l'eau, quitte à faire céder votre barrage. Après nous allons utiliser une sorte de marteau piqueur, un outil que nous connaissons tous quand nous enseignons ou éduquons. **La répétition**. Quand il y a un doute ou une brèche, votre rôle de manipulateur est de **nourrir ces idées** le plus possible, pour que vos idées s'intègrent dans l'esprit de celui qui converse avec vous. En hypnose, on aime parler de **seeding**, de planter la graine dans le subconscient de l'autre. C'est grâce à *l'utilisation de la transe et donc de la diminution du jugement* que vous allez pouvoir poser cette graine par le biais d'une suggestion. Cela produira **une brèche** sur laquelle vous allez revenir. Pour faire simple vous allez planter une idée et vous allez **revenir de nombreuses fois dessus** de différentes façons, que ce soit par le rire, par l'ascenseur émotionnel, par des référents, par de la gentillesse, par de l'échange.

Vous avez une multitude de moyens de faire. L'humour est souvent un moyen utilisé pour alléger l'idée tout en la nourrissant. N'avez-vous jamais répété sans cesse un de vos désirs à vos proches, dans l'espoir qu'ils y répondent ? Avec cette petite mou qui dit « qui ne tente rien n'a rien ». Il est certain que si vous n'avez qu'une conversation pour influencer, il faudra appuyer l'idée. Pour cela vous possédez deux outils puissants dans votre arsenal.

**La variation tonale et l'ancrage spatial.** La variation tonale, vous la mettez en place dans toutes vos conversations, vous appuyez sur certains mots, certaines émotions ou propos que *vous souhaitez rendre différents du flot de votre parole.* Pour faire simple, vous pouvez passer une suggestion avec votre interlocuteur en transe en **faisant descendre votre tonalité en fin de phrase.** Vous cherchez à **faire focaliser** ce que vous êtes en train de dire, parce que l'attention de votre partenaire sera **de suivre** la voix et donc *d'y prêter plus attention.* Cela va donc permettre *à l'idée de prendre place,* même si dans un premier temps, elle ne sera certainement pas validée. Vous pouvez parfois insérer une rupture de pattern et une suggestion immédiate, en montant votre timbre de voix et donc changer le rythme de la discussion pour faire passer votre idée. Le plus simple *c'est de raconter une histoire en substitution.* Vous inventez la situation qui vous intéresse par le biais d'un ami imaginaire à qui c'est arrivé et dès lors *votre substitution vous permettra de donner une focalisation et les variations tonales que vous souhaitez.*

**Un ancrage** est *une association que nous faisons ou que nous mettons en place à une personne, entre un état émotionnel et un point de rappel,* souvent un geste ou un mot. Dans le cas de l'ancrage spatiale, c'est de bien observer la personne avec qui vous vous entretenez afin de définir dans quelle direction il dirige son regard quand il est dans une émotion positive et de poser un geste qui correspond, type un doigt qui se lève. Faites la même chose pour savoir où il regarde quand il est dans des états moins positifs et retenez-le. Vous pouvez éventuellement le lier à un autre geste, comme un doigt qui se lève de l'autre main, du côté ou il a regardé. Cela vous permettra de jouer sur des ascenseurs émotionnels inconscients le cas échéant.

Cette technique vous demandera de **l'attention et de l'observation**, un manipulateur assumé met en place une science consciente qui demande une **vraie concentration**. Si vous vous retrouvez debout et que vous avez noté que, par exemple, la personne avec qui vous discutez, regarde en bas à gauche quand il vous parle d'un élément négatif, prenez attention de vous décaler de cet emplacement pendant la discussion pour *éviter qu'il se refocalise dessus.* Par contre s'il vous parle de choses réjouissantes et qu'il pose son regard en regardant à droite, n'hésitez pas à prendre place vers cette zone, ça imposera à son regard de rester dans une stratégie assimilée *à un bien-être et donc de l'associer à vous.* Quand vous avez réussi à créer des brèches, il reste à garder votre objectif en tête et à proposer des suggestions qui vont nourrir l'idée première que vous avez implantée.

Prenez toujours un temps pour ratifier, c'est-à-dire pour vérifier les réactions du partenaire, si vous sentez que vous devenez trop lourd, mettez de côté votre stratégie et permettez-lui de retourner dans un lead positif en lui faisant parler de ce qu'il aime le plus.

www.hno-hypnose.com

# 6/ La puissance de la projection

Offrez à vos interlocuteurs du rêve et, en général, ce n'est pas à vous de les faire rêver mais laissez les partir dans ce qu'ils construisent comme propre film. Quand vous êtes dans votre manipulation, n'hésitez pas à devenir **objet de transition** pour vos interlocuteurs. **Une surface projective** de ce qu'ils pensent, même si ce qu'ils pensent, de vous, de vos idées ou autres, est faux. Vous les laissez aller *en contact avec leurs imaginations* et dans une transe qu'il vous sera possible de réorienter. C'est pour cette raison que *nous devons construire des rapports assez rapidement, pour prendre de l'information.* Nous pourrions nous dire qu'il est utile de l'orienter vers du positif et comme je vous l'ai suggéré ultérieurement, ce n'est pas une nécessité. Une projection négative sur vous, une personne qui ne vous aime pas ou vous trouve con, ne reste qu'une perception suggérée par des retours d'expériences sur des types comme vous, au niveau physique, vestimentaire ou sémantique. C'est une 'expérience subjective' qui entraîne vers cette idée. Ne vous est-il jamais arrivé d'avoir un feeling négatif sur une personne et qu'après une discussion, vous le voyez complètement différemment. Eh bien, **vous vous êtes fait manipuler, la projection** et des phrases comme 'il n'y a que les cons qui ne changent pas d'avis', 'il faut être prêt à accueillir de nouvelles expériences' ou tout simplement 'il faut être ouvert' sont du pain béni pour les manipulateurs.

Il y a de nombreux retours qui montrent, qu'avec parfois des décennies, cette personne que nous n'avions pas sentie au premier regard, nous fasse un sale coup… Nous sommes bien plus intelligents que nous voulons parfois le reconnaître. Une des stratégies est de jouer avec **le manque** d'informations. En général, **le levier du manque** résulte du fait de dire qu'il y a un stock limité pour que les consommateurs se précipitent. Sur une idée plus avancée, il suffit de prendre les informations sur *les éléments qui donnent cette projection négative sur vous, pour exprimer l'idée qu'il manque des informations sur qui vous êtes vraiment et pas sur l'image que vous donnez.* L'erreur qui est classique est de dire à l'autre qu'il manque quelque chose, comme si nous étions un stock limité. Cette interaction maladroite rend la personne encore plus prétentieuse. Par contre, écoutez les objections et les idées présupposées, elles peuvent **être remises en question** (notre posture favorite), et amener l'idée qu'il manque des éléments et ne pas les donner quand la personne est intéressée, laissera sa projection s'imaginer de nouveaux modèles possibles. De façon plus générale, quand vous posez vos suggestions pensez à ne pas être trop précis. Nous avons déjà vu cette idée du non spécifique vis-à-vis d'un futur possible ou d'une négociation, d'un produit ou juste d'une sortie peut être démultipliée si vous laissez l'autre s'imaginer ce que cela pourra donner. Une fois que vous avez capté la **motivation et l'envie,** il suffit de reprendre les idées qui vous sont exposées, comme en phase de mirroring, et de les amplifier. A cela vous exaltez le tout avec une variation tonale enjouée, quelques ancrages, ainsi que des *ascenseurs en montant les paliers.*

Quand vous proposez une idée ou suggestion, vous ne vendez pas un objet, vous vendez une expérience, une stimulation intérieure. Que ce soit vous, un concept ou un produit que vous souhaitez mettre en avant, c'est la projection et la perception imaginée qui va avoir de l'importance. *Nous savons que le réel change en fonction de l'état émotionnel,* un cadeau anodin devient plein de valeurs quand on l'a associé (ancrage) à une expérience interne puissante. Êtes-vous capable de créer des émotions chez les personnes avec qui vous entrez en contact ?

# 7/ Jongler avec les émotions

Je vous ai proposé le principe de **l'ascenseur émotionnel**, c'est une technique de **chaud-froid classique** pour jouer avec les émotions. Il est important de garder en tête que certaines personnes sont *en centre mental et qu'ils peuvent sembler hermétiques aux émotions*. La plupart du temps le levier à utiliser est **la peur**, néanmoins il est possible de jouer avec leur facilité à **se projeter dans le futur**. Vous avez compris dans le chapitre précédent que cela offre une possibilité sur les perceptions. *Si vous nourrissez ce principe chez les mentaux, vous allez pouvoir rencontrer leurs émotions et les nourrir pour les orienter vers de nouvelles idées.* Il vous suffira de **poser des ancrages** et de prendre attention à noter les émotions positives pour pouvoir les exploiter. Le dialogue risque de rester sur un langage très logique et analytique, il vous faudra jouer sur les émotions et vous n'aurez que peu de retours sur la ratification, il faudra être encore plus observateur. Pour la plupart des autres personnes que vous allez chercher à orienter, vous pourrez prendre en compte **des émotions de bases : peur, colère, joie, tristesse, surprise, mépris, dégoût.** Dans le cadre de la manipulation, en fonction de vos objectifs, vous allez catégoriser en deux groupes, les **émotions positives et les négatives.** Vous gardez à l'esprit que pour l'ascenseur vous **allez alterner** ou passer à chaque fois un étage pour **amener à une apogée.** La peur, la colère, la tristesse, voire le dégoût sont des émotions faciles à faire vivre.

Une personne prise dans une émotion négative est en transe. Il leur est plus difficile de garder **une capacité objective de jugement.** C'est souvent utile quand vous souhaitez orienter une décision. Vous ouvrez une **idée d'insécurité** sur un des choix ou une émotion de rejet d'une idée pour faire valider celle que vous allez proposer. *Dans les options que vous allez proposer, pensez à les ancrer avec des émotions négatives. La dernière option avec si possible un marquage positif devra être votre choix.* Le cerveau est assez fainéant et retient la plupart du temps le dernier élément. Plus facilement encore si les premiers éléments proposés entraînent une émotion négative. **L'ancrage** que nous avons mis précédemment nous permet également de faire des associations diverses avec les émotions qui nous intéressent. Vous pouvez vous **associer aux émotions positives**, par un geste, un toucher ou un mot. C'est ce qui fait que parfois on se sent bien avec certaines personnes sans savoir pourquoi, souvent ils étaient là pendant une période où nous étions particulièrement bien, sans pour autant avoir eu de liens particuliers. Nous l'avons associé à des émotions positives. Le manipulateur fera en sorte d'être associé, puis initiateur d'émotions positives. Vous allez créer des émotions surprises et la joie, pour ouvrir la transe et donner des suggestions. Les émotions sont fréquentes, elles peuvent facilement faire perdre le fil de certaines des stratégies que nous avons mises en place. Si vous souhaitez agir au plus juste avec les émotions, il est essentiel de pouvoir les travailler sur vous dans un premier temps. Les maîtriser pour qu'elles ne vous emportent pas quand un interlocuteur les vit.

**L'empathie est une des plus saisissantes techniques de manipulation émotionnelle**. Nous sommes connectés à l'autre, nous retrouvons donc rapport, mirroring, pace et lead A l'inverse de la sympathie, normalement (j'insiste sur ce terme) nous ne vivons pas les émotions de l'autre, nous avons une transe commune sans que les suggestions émotionnelles de l'autre ne nous impliquent. Nous sommes dans son monde, dans la compréhension plus juste, **sans les effets 'secondaires'** de ses émotions. Nous pouvons donc reprendre le lead et, grâce à cet hyper lien, orienter vers de nouvelles idées et suggestions. L'interlocuteur a vraiment la sensation que nous le comprenons parfaitement et ce n'est pas totalement faux, sauf que nous ne souffrons pas ou ne sommes pas stimulés de la même façon, nous sommes aptes à avoir **un facteur de jugement**, là ou l'autre ne l'a plus. Souvenez-vous le nombre de fois où vous étiez dans une démarche empathique et que vous avez pris pouvoir sur l'autre pour l'orienter vers ce que VOUS pensiez de plus doux ou apaisant. Bravo ! ça donne une belle image des thérapeutes, n'est-ce pas ? 😊

# Conclusion

Mes amis **manipulateurs assumés,** je vais m'arrêter sur ces quelques éléments pour que vous puissiez **les mettre en pratique.** Se croire bon manipulateur sans mettre son art sur le terrain tous les jours, c'est juste s'auto manipuler en ne lisant que des livres. Si vous faites cela, vous serez comme les selfs défenseurs de l'esprit, qui comprendront qu'ils se sont fait manipuler mais trop tard. *Ce n'est pas parce que vous avez reconnu des techniques que vous connaissez, faites spontanément ou étudiées, que vous les maîtrisez.* **Il est impossible de ne pas communiquer et comme toute communication est influence, il est impossible de ne pas manipuler.** La différence, entre les **manipulateurs passifs et les assumés**, c'est la qualité de la manipulation. Nous sommes tous capables de courir, pourtant nous ne sommes pas tous capables de passer sous les 10 secondes aux cent mètres. Il y a des influenceurs performants et il y a ceux qui galèrent. Dans cet essai, je vous ai donné des techniques simples et utilisables sur tous les terrains, que ce soit personnel, affectif ou professionnel. Vous avez la capacité d'être un vrai connard, à chaque interaction. Vous remarquerez simplement que si la manipulation est naturelle sa maîtrise volontaire demande de la discipline et de la stratégie. Cela est un effort à chaque rencontre, dans toutes les interactions que vous mettez en place. Vous allez très certainement vous rendre compte que les résultats ne sont pas toujours à la hauteur des efforts dépensés.

*Vous constaterez parfois qu'orienter, pour qu'il y ait un bénéfice pour les deux partis, peut apporter bien plus que pour soi.* **Mais surtout ne le faites pas**, soyez égoïste, soyez des connards, manipulez sans penser au bien ou au mal. Dans un autre essai, je vous parlerai des stratégies et de l'efficacité de la négation, l'attention que l'on doit porter dans le sexe et les transes du désir et même de l'attente. Une dernière chose, assumer en se projetant c'est bien, prendre conscience **de la responsabilité** que nous avons dans nos interactions aux autres, de l'impact de nos mots, de nos questions, de nos communications verbales et non verbales, c'est encore plus important. **Si en assumant d'être un connard, vous vous rendiez compte qu'être une personne bonne dans ses manipulations, ça demande de la conscience alors peut-être que je serais un heureux connard.**

Le Chesnay, 7/08/17

Pank

# Qui est HnO Hypnose ?

HnO Hypnose est une association de pratiquants et de praticiens en Hypnose à tendance Elmanienne, Hypnosophie, Hypnose Fusion et Thérapies Durables.

Notre but est de rechercher, développer, pratiquer et diffuser sur ces sujets.
 Pour ce faire, nous utilisons plusieurs leviers : des formations, des cabinets ouverts, de l'Hypnose Urbaine, des livres, des audios, des live Facebook, des Podcasts...

Nous organisons des formations en Hypnose Classique Curative, Hypnosophie et Psycho-Pratique Intégrative ainsi que des ateliers en thérapie durable.
 L'Hypnosophie est une discipline de synthèse et intégrative. L'hypnose est un vaste monde avec des écoles, des styles et des tendances.

Plus qu'un style, nous souhaitons intégrer, sur les bases communes de l'hypnose, une ouverture globale.
Nous organisons des cabinets ouverts, dans le but de faire découvrir l'aspect curatif au plus grand nombre.
Toutes les semaines nous organisons des sorties Hypnose Urbaine ou des Hypno-papotages.

Nous y invitons des praticiens mais aussi des amateurs.
Le but étant de faire connaître, dans un autre contexte que le soin, ce qu'est l'Hypnose.

Cette expérience humaine est extraordinaire. Nous pouvons dissiper les à priori et faire vivre des expériences agréables aux passants.

Vous pouvez trouver plus d'informations sur ce que nous mettons en place sur : www.hno-hypnose.com

Nous avons mis en place un site de Mp3 d'Hypnose pour faire vivre des micros séances. Vous trouverez des informations sur : www.hno-mp3-hypnose.com

Si vous souhaitez nous rencontrer, échanger, partager, n'hésitez pas à nous contacter :

Mail : hype.ose@gmail.com

YouTube / Twitter / Facebook : Hype-N-Ose

# Formations HnO Hypnose

Vous pouvez retrouver de nombreuses formations GRATUITES Online :

Apprendre l'Hypnose et les Concepts de Base :
https://apprendre-hypnose.org/

Apprendre la Programmation Neuro-Linguistique :
http://apprendre-la-pnl.fr/

Apprendre l'Auto Hypnose :
http://www.apprendre-auto-hypnose.fr/

Se Former en Hypnose Spirituelle :
https://formation-hypnose-spirituelle.co/

Apprendre le Magnétisme :
http://www.apprendre-le-magnetisme.fr/

Vous pouvez également retrouver quotidiennement des vidéos sur l'Hypnose/Hypnosophie, le coaching et les psycho-pratiques sur :
https://laboratoire-hypnose.com/

Et apprendre à gérer vos douleurs :
http://hypnose-douleur.jimdo.com/

Vous retrouverez également de nombreuses formations présentielles :


Formation en PsychoPratique Intégrative (PPI) et Hypnosophie :
https://goo.gl/kjwE64

Formation en Hypnose H-Ultra (Hypnose Profonde) :
https://goo.gl/MMU1WB

Formation en Hypnose Panko-Elmanienne :
https://goo.gl/crSyj7

Formation en Hyperempiria :
https://goo.gl/c3xful

Formation en Hypnose Urbaine :
https://goo.gl/SGyVVJ

Toutes les informations sont disponibles sur www.hno-hypnose.com